TROIS LEÇONS

SUR LES

PARTICIPES

PAR L. L.

PARIS

LELARGE, LIBRAIRE-ÉDITEUR,

Rue de Sorbonne, 12.

1834

JOURNAL DES FEMMES,

Gymnase Littéraire.

Le JOURNAL DES FEMMES se publie en deux édi-
tions, l'une hebdomadaire, l'autre mensuelle.

L'ÉDITION HEBDOMADAIRE, *au prix
de Quinze francs par trimestre,* paraît tous les same-
dis, format grand in-8°, sur beau papier des Vosges.
Elle est toujours accompagnée d'une lithographie
par un de nos meilleurs artistes, ou d'une gravure
de mode coloriée avec soin.

L'ÉDITION MENSUELLE, *au prix de Six
francs par trimestre,* paraît à la fin de chaque mois,
imprimée sur papier mécanique, et contient, réunis
en une seule livraison, tous les cahiers de l'édition
hebdomadaire parus dans le mois; elle est accompagnée d'une seule gravure de mode. L'abonnement
de cette édition mensuelle du *Journal des Femmes* est
d'un prix plus modique que celui de toutes les pu-
blications à six francs par an, ces dernières donnant
moins de matière, dans le courant d'une année, que
ce Recueil n'en contient dans un seul trimestre et ne

TROIS LEÇONS

SUR LES PARTICIPES.

PARIS. — IMPRIMERIE DE DUCESSOIS,
quai des Augustins, 55.

TROIS LEÇONS

SUR LES

PARTICIPES,

PAR L. L.

PARIS,

LELARGE, LIBRAIRE-ÉDITEUR,

RUE DE SORBONNE, 12.

1834

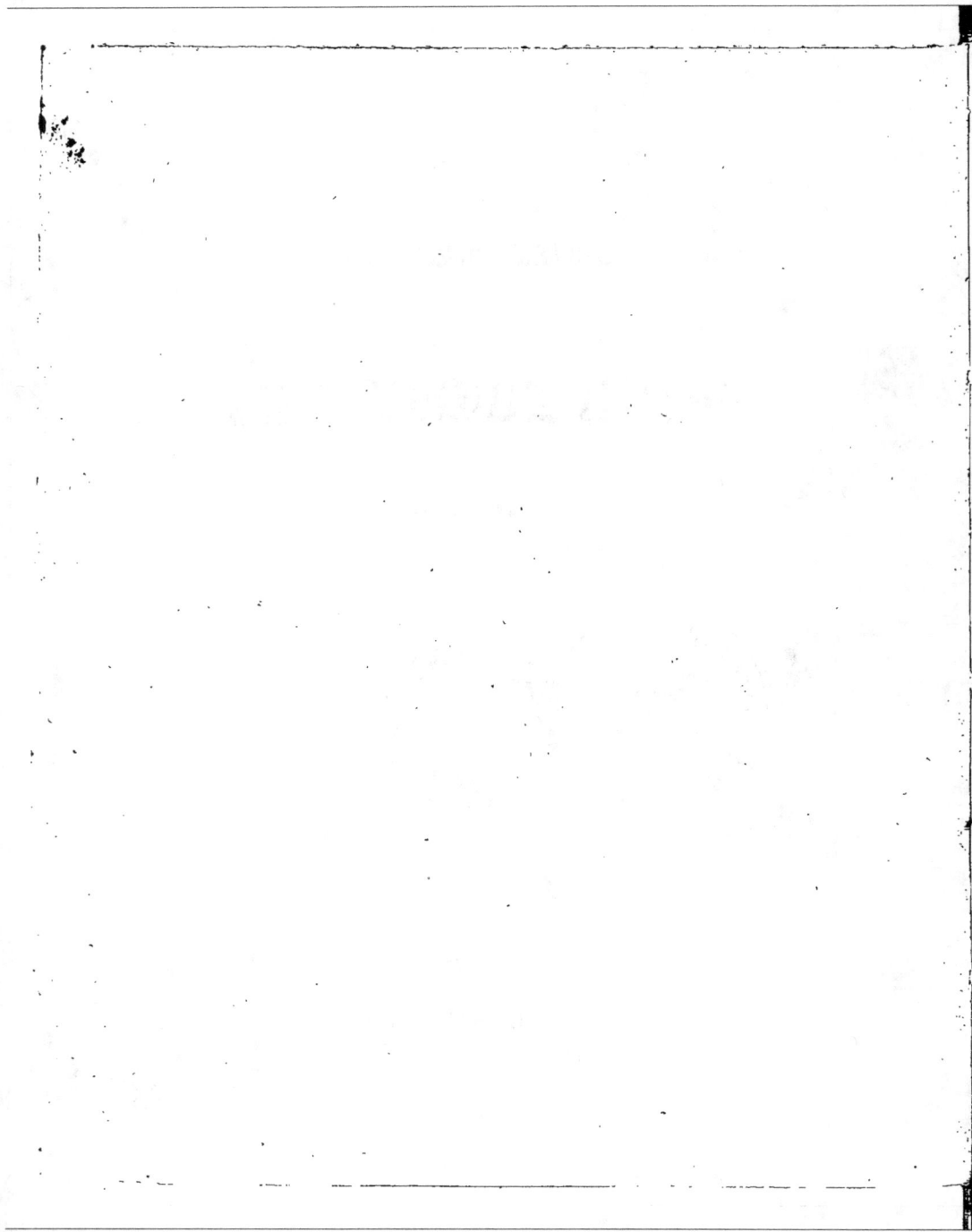

POURQUOI

CETTE PETITE BROCHURE.

On a tant écrit sur la grammaire, et en particulier sur les participes, que traiter encore cette question, c'est presque se donner un ridicule. Cependant, des personnes instruites, savantes même, font des fautes de participes ; ou bien, par un très-innocent artifice, elles esquivent les difficultés au risque de rendre leur phrase lourde et embarrassée. Quant aux écoliers, que veut-on qu'ils fassent de tous les procédés mécaniques qu'ils apprennent par cœur ? De ces questions : *qui ? quoi ? qui est-ce qui ? qui est-ce que ?* etc.

Je ne sais pas si la petite théorie que je hasarde est incontestable, mais elle m'a toujours réussi depuis dix ans que j'exerce les modestes fonctions de professeur de français. Je la crois neuve, car je ne l'ai lue nulle part ; seulement, j'en ai pris l'idée chez Condillac. Dans le chapitre inintelligible qu'il a consacré aux participes, ce trop subtil grammairien dit que le participe variable *est un simple adjectif*; c'est juste, mais il fallait le démontrer, et surtout il fallait ne pas parler de PARTICIPES SUBSTANTIFS.

On m'a dit *que ces trois leçons étaient trop raisonnées pour des enfans.* —Pour des enfans ! Mais un enfant de douze à quinze ans est-il donc un être nécessairement incapable et stupide ? En matière d'enseignement, le danger n'est pas de trop raisonner ce qui doit être raisonné, mais de raisonner mal, ou même de ne pas raisonner du tout. Le maître qui ne croit pas à l'intelligence de ses élèves, leur attache sur la tête un joug qu'on appelle routine, puis il leur dit : marchez ! — Et ils tombent à chaque pas.

Pour savoir, il faut se donner la peine d'étudier ; il m'est impossible de concevoir les choses autrement. Lorsqu'un enfant apprend à écrire, les doigts lui font mal, sa plume pèse cent livres ; on veut qu'il soit tout entier aux *déliés* et aux *pleins.* Plus tard, quand son écriture est formée, quand il jette rapidement sa pensée sur le papier, songe-t-il à la plume, aux courbes, aux jambages ? Pour arriver à orthographier les participes correctement, sans hésitation, sans même y penser, il faut patiemment raisonner d'abord ; ensuite, les choses vont toutes seules.

Première Leçon.

ÉTUDES PRÉLIMINAIRES.

Les *idées* sont, en nous, la représentation des faits physiques et intellectuels.

Les *mots* sont des sons articulés qui nous servent à exprimer nos idées. Le mot est l'un des signes de l'idée ; les cris, les gestes, les mouvemens de la physionomie, l'écriture, sont d'autres signes des idées.

Le *participe* est un mot. Comme tel, il doit être aussi le signe d'une idée ; or, c'est dans l'appréciation exacte de cette idée que nous trouverons la raison des changemens de nombre et de genre, qu'en français on fait subir au participe.

L'idée des choses, celle de leur qualité ou plutôt de leur état, celle de leur existence et de leur manière d'agir, sont les seules idées dont j'aie à vous entretenir préalablement. Les mots qui servent de signes à ces trois sortes d'idées sont le *nom*, l'*adjectif*, le *verbe*.

LE NOM.

Si l'on articule devant vous le mot *arbre*, à l'instant même, et avec la rapidité de l'éclair, l'idée exprimée par ce mot se conçoit dans votre esprit. Que s'y passe-t-il donc? — Les formes matérielles d'un objet qui vous est bien connu, tous ses caractères distinctifs se représentent comme par enchantement en vous-même; vous les voyez des yeux de votre intelligence. Le nom de votre ami absent éveille le souvenir de ses traits chéris; c'est comme s'il était là, auprès de vous.

Amitié, bienfesance, sont des mots qui n'expriment que des abstractions (A), comme disent les philosophes. La bienfesance et l'amitié ne se représentent point dans notre esprit par des formes matérielles, puisqu'il n'y a là ni longueur, ni largeur, ni couleur, etc., mais par les causes qui leur donnent naissance, par les faits qui les caractérisent et les accompagnent. Dans les jeux admirables de notre entendement, nous leur prêtons des qualités, une volonté, des actes, même des passions qui n'appartiennent en réalité qu'à l'homme bienfesant et à l'ami véritable.

On a appelé *nom*, le mot qui exprime l'idée de toute personne, de toute chose auxquelles il est possible d'attribuer ainsi des manières d'être, des actions; que tout cela soit réel ou imaginaire.

Afin d'éviter la fastidieuse répétition des mêmes consonnances, et pour jeter en même tems plus de grâce et de rapidité sur le langage, on se sert de petits mots appelés *pronoms*, qui, en eux-mêmes, n'ont point de sens, mais qui en prennent un lorsqu'ils remplacent un *sujet* déterminé. C'est comme un nouveau nom imposé à une chose connue et déjà nommée.

(A) Voir les notes, page 31.

L'ADJECTIF.

Les personnes, les choses sont *d'une certaine manière ;* l'idée de cette manière d'être, de cet état, est exprimée par le mot *adjectif.* On dit quelquefois dans les grammaires, que l'adjectif *modifie* son sujet ; il faut s'entendre : l'adjectif exprime simplement la modification de son sujet et ne la détermine pas ; il est dans sa dépendance, et le sujet n'est point dans la sienne. Il prend enfin, en signe de cette dépendance, le nombre et le genre du sujet. On dit encore que l'adjectif *qualifie* le nom ; d'accord. Mais, qu'est-ce que la qualité d'un sujet, si ce n'est *la manière dont il est ?* Qu'un homme soit pensif ou préoccupé, c'est toujours la manière d'être de cet homme. Cependant *pensif* est un adjectif, et *préoccupé* est un participe ; voyez si les idées exprimées par ces deux mots ne sont pas de la même classe ? Une définition n'est bonne que quand elle s'applique à tous les cas possibles, et il est des adjectifs qui n'expriment pas l'idée de qualité.

LE VERBE.

Le mot *verbe* exprime l'idée de l'existence d'un sujet, existence pure et simple, existence inerte : *être,* dans toutes ses modifications de modes, de tems et de personnes, suffit à l'expression de cette idée.

Mais si un sujet existe, il existe aussi *d'une certaine manière ;* tantôt il agit sur un autre objet, tantôt il est affecté lui-même. Si le verbe *être* suffit pour exprimer l'idée *d'existence,* nous avons vu que l'idée de la *manière* dont on existe est exprimée par l'*adjectif ;* l'union

2

de ces deux sortes de mots peut donc exprimer l'idée complexe d'action exercée ou subie par le sujet. La langue en se perfectionnant a quitté dans plusieurs cas la formule primitive ; *j'étais écrivant* s'est changé en : *j'écrivais*. Malheureusement, l'union des deux mots n'a pas toujours lieu ; nous manquons de terminaisons spéciales dans plusieurs tems des verbes, les tems composés. Le langage y perd beaucoup de rapidité et d'élégance.

Si l'idée d'existence suppose l'idée d'un *sujet* qui existe, l'idée complexe d'action suppose quelquefois aussi l'idée d'un *objet*, que les grammairiens nomment *régime direct*. Le *régime indirect* est le but, le terme de l'action. Le régime direct n'est pas nécessairement un mot unique, une chose ou une personne isolée ; souvent c'est une pensée entière, c'est-à-dire : *une collection d'idées liées entre elles*.

ı s vou lez apprendre la langue française.

Apprendre la langue française est certainement l'objet de votre volonté. *Apprendre* fait donc partie du régime direct du verbe *vouloir*.

J'ai quelque honte de vous redire des choses qui ont été dites beaucoup mieux ; mais il m'a semblé que nous nous entendrions plus facilement quand je vous aurais rappelé ces simples notions. Encore deux mots sur la classification des verbes.

Les grammairiens appellent *auxiliaires*, les deux verbes *être* et *avoir*, parce qu'en effet ces verbes servent à conjuguer les autres verbes dans les tems qui n'ont pas de terminaisons distinctives. Il est bon d'observer cependant, que ces deux verbes ne sont pas toujours et absolument auxiliaires (ʙ).

Lorsqu'un verbe exprime l'idée d'une action exercée ou pouvant être exercée directement sur un régime, ce verbe est réputé *actif*.

Dans le verbe *réfléchi*, l'objet distinct est *nécessairement* la même personne que le sujet. Si l'identité de personne entre le sujet et le régime n'est qu'accidentelle, quelques grammairiens disent que le verbe est *pronominal*. *Il se repend, vous vous abstiendrez*, sont des verbes réfléchis. *Il se flatte, vous vous estimez*, seraient des verbes pronominaux, ou, mieux peut-être, des verbes actifs occasionellement réfléchis.

Si l'action est toute concentrée dans le sujet qui la subit plus fréquemment qu'il ne l'exerce, action qui l'affecte seul, qui ne peut affecter d'autre objet, le verbe est *neutre;* cette appellation n'a ni clarté, ni justesse, mais elle est consacrée par l'usage. *Tomber, trembler, frissonner*, sont donc neutres. D'autres disent : « *Le verbe neutre est celui après lequel on ne peut mettre quelqu'un ni quelque chose.* » Vous choisirez entre les deux définitions.

Les verbes *impersonnels* ou *unipersonnels* sont des neutres usités seulement à la troisième personne du singulier.

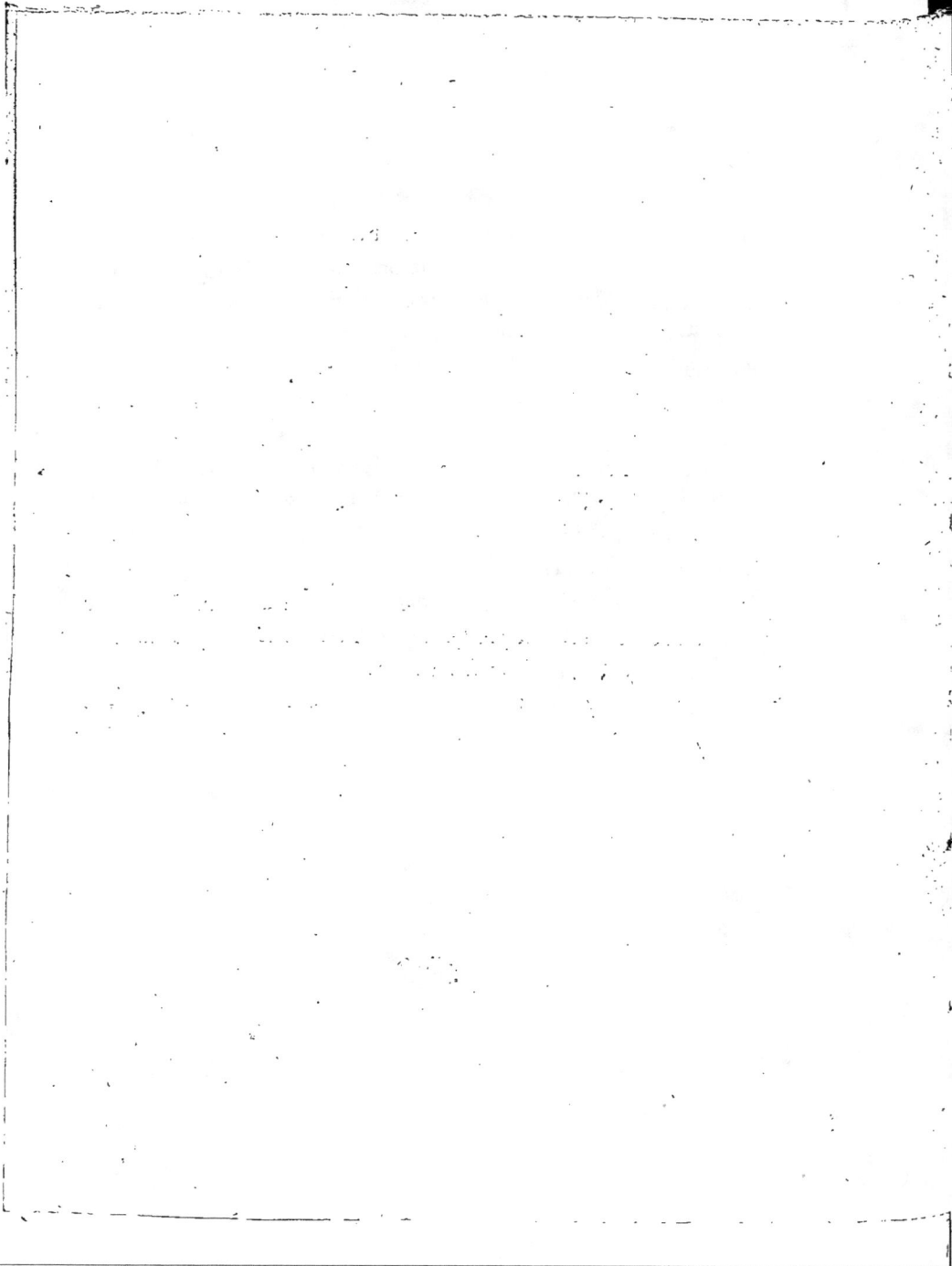

Deuxième Leçon.

LE PARTICIPE.

Sa lettre est écrite. — Il a écrit sa lettre.

Voilà ce qu'on appelle deux *participes passés*. Quelle idée exprime chacun de ces deux mots, *écrite*, *écrit?*

Le premier, ÉCRITE, me paraît exprimer l'idée de l'*état* dans lequel se trouve le sujet lettre; c'est *sa manière d'être*, et si on le veut à toute force, sa *qualité*, son *complément*, quoique je ne comprenne guère le sens de ce dernier mot ainsi placé. Je dis donc qu'*écrite* est un véritable ADJECTIF, prenant comme tel, et non pour d'autres raisons, le genre et le nombre de son sujet *lettre*. Supposons un léger changement dans la phrase : *la lettre qu'il a écrite;* le *que* relatif introduit ici dénature-t-il l'idée exprimée par le mot *écrite?* — Non; cette idée est toujours celle de la manière d'être du sujet; *écrite* n'en est pas moins un adjectif.

Le second participe, ÉCRIT, me semble renfermer tous les caractères du VERBE. Il exprime clairement l'idée d'une action exercée par le sujet *il* sur le régime direct *lettre*. L'auxiliaire *a* a pris le nombre du sujet, il ne reste donc aucune modification à faire subir au verbe *écrit;*

il demeure invariable, c'est-à-dire qu'il conserve toujours la même forme, celle du masculin et du singulier.

Nous ne dirons donc plus : *le participe tient du verbe* ET *de l'adjectif;* mais : *le participe est, ou verbe, ou adjectif;* c'est fort différent.

Nous ne dirons plus : *le participe variable s'accorde avec* SON RÉGIME *lorsque ce régime le précède.* Nous ne dirons plus cela, attendu qu'un participe variable n'est qu'*un simple adjectif;* attendu qu'un adjectif n'a point de régime, et qu'un adjectif ne s'accorderait pas plus avec son régime qu'un verbe ne s'accorde avec son régime. Nous dirons sans plus de phrases : *le participe-adjectif prend le genre et le nombre de son sujet.*

Une fois la définition de l'adjectif bien comprise, toutes les difficultés de participes disparaissent.

Si le participe n'est pas *adjectif,* c'est-à-dire, s'il n'exprime pas l'idée de *la manière d'être* d'un sujet clairement déterminé, ce participe ne peut pas exprimer autre chose qu'une action faite ou subie par le sujet. Or, que fait-on d'un verbe ? — On lui donne le nombre et la personne de son sujet. — Mais si l'auxiliaire qui accompagne le participe, a déjà pris le nombre et la personne de ce sujet ? — Évidemment, il n'y a plus rien à faire, le *participe-verbe* reste invariable.

Vous blâmez cette action.

Le verbe prend ici le nombre et la personne du sujet, parce qu'au présent, le verbe a une terminaison spéciale pour cet usage.

Vous avez blâmé cette action.

Manquant de terminaisons particulières pour le passé indéfini, il faut bien que le verbe emprunte le secours d'un verbe auxiliaire qui, lui, prend le nombre et la personne du sujet; le participe *blâmé* n'a plus aucune modification à subir.

Cela est capital dans la question.

Posez donc en principe, que :

LE PARTICIPE-VERBE EST INVARIABLE, et que :

LE PARTICIPE-ADJECTIF VARIE SOUS LES RAPPORTS DE GENRE ET DE NOMBRE ; PRENANT TOUJOURS CEUX DE SON SUJET.

Si vous observez attentivement la marche habituelle de vos idées, il vous sera facile de voir que celle de sujet se forme en premier, celle de *la manière d'être* du sujet, en second lieu : c'est l'ordre logique. Pour concevoir ce que c'est qu'*un état florissant*, par exemple, il est nécessaire que l'idée d'*un état* soit préalablement conçue d'une façon claire et distincte. D'un autre côté, dans l'ordre de la génération des idées, celle d'*action* précède naturellement celle de l'*objet* de cette action. C'est pourquoi, dans l'expression froide et tranquille de la pensée, l'adjectif suit ordinairement son sujet, le verbe précède ordinairement son régime. Venez-vous à être émus? La passion vous anime-t-elle? Le désordre de votre pensée se communique à l'enchaînement des expressions. Ou bien encore, si votre oreille est délicate et exercée ; si vous sentez l'harmonie d'une phrase et le choc gracieux des sons, vous dérangez l'ordre régulier des idées, et bientôt, sous votre plume habile, le rang que devrait occuper chaque terme est élégamment interverti. Or, il est tel mot qui, en changeant de position, change aussi quelquefois de caractère. Le participe offre mille exemples de ce phénomène de langage; suivi de son régime, il est toujours verbe. Changez ce régime de position, placez-le avant le participe, et vous verrez 1° que ce régime devient sujet, 2° que le verbe devient adjectif. Essayons.

Il a *éprouvé* beaucoup de chagrins.

Voilà la pensée froide et simple. Ce participe est réellement un verbe. Mais l'émotion vous saisit a l'aspect de tant d'infortune; votre compassion veut être partagée; vous laissez là ce style pâle et décoloré, vous vous écriez :

Que de chagrins il a *éprouvés!*

Ce sont alors *des chagrins éprouvés.* Je ne puis voir, je me refuse à voir dans ce mot *chagrins,* autre chose qu'un sujet, et dans ce mot *éprouvés,* autre chose qu'un adjectif.

La variabilité ou l'invariabilité du participe ne résulte cependant pas de la place qu'il occupe dans l'économie de la phrase, mais bien des fonctions qu'il y exerce; voilà ce que je voudrais que vous comprissiez bien.

La maladie de son père lui a *donné* beaucoup de peines.

Si dans cette phrase, le participe reste invariable, n'écoutez pas ceux qui vous diront : *c'est* PARCE QU'*il est suivi de son régime.* Il est invariable parce qu'exprimant l'idée d'une action attribuée figurément à *maladie,* ce participe est verbe; parce qu'ensuite comme verbe, il n'a rien à emprunter à son régime; enfin, et encore une fois, parce que l'auxiliaire *avoir* qui le précède et qui forme avec lui un sens inséparable, se charge, lui, de prendre le nombre du sujet *maladie.*

Les peines que la maladie de son père lui a *causées,* etc.

Si dans cette nouvelle version le participe est variable, n'écoutez pas ceux qui vous diront : *c'est* PARCE QUE *causées est précédé de son régime que.* Non, le pronom relatif *que* n'est pas régime; ce mot n'exprime pas une autre idée que celle qui est exprimée par son propre sujet *peines*; et si le participe est variable, c'est qu'il est l'adjectif dont *peines*, ou si vous voulez *que*, est le sujet. Le vieux grammairien *Restaut*, copié par tous ses confrères, sans qu'ils aient toujours la politesse de le citer, dit : « La fonction des pronoms relatifs est de » rappeler dans le discours l'idée des personnes ou des choses dont on » a déjà parlé, afin de déterminer l'étendue du sens qu'on leur donne. » On les appelle *relatifs* à cause de la relation ou du rapport qu'ils » ont avec les noms ou pronoms qui les précèdent et qui expriment les » personnes ou les choses dont ils rappellent l'idée. (Voyez comme » Restaut insiste sur cela!)..... Quand je dis : *l'or* QUE *nous recher-* » *chons tant;* c'est comme si je disais : *l'or,* LEQUEL *or,* etc. » On pourrait ajouter que ce pronom est ainsi une formule abrégée. Lorsqu'on l'articule, il semble qu'on veuille appeler plus vivement l'attention sur un sujet auquel on attache une importance particulière.

Ce qui prouverait surabondamment que le participe invariable n'est pas invariable *parce qu'il* est suivi de son régime, ce sont les participes des verbes neutres.

Ces pauvres femmes ont *frémi* d'horreur.
Ma sœur est *tombée*.

Il n'est pas besoin de s'enquérir ici du verbe *être* ou du verbe *avoir*. Le premier participe exprime une action, un mouvement involontaire, renfermé tout entier dans le sujet : c'est bien un verbe. Le second exprime l'état du sujet, sa manière d'être accidentelle : c'est un véritable adjectif.

Peu importe après cela, que le sujet général de la phrase soit placé avant ou, par inversion, après le participe; pourvu que le participe ait son sujet, à lui, bien distinct, il n'en faut pas demander plus; ce participe est adjectif.

Les actions glorieuses qu'a *faites* ce grand homme.

Il s'agit ici d'*actions faites; grand homme* ne change rien au caractère de ce participe. Si jamais vous lisez la grammaire de Port-Royal, et d'autres écrivains qui, du reste, ont rendu de grands services à la langue, vous verrez qu'ils ne sont pas de cet avis; ce qui n'a pas empêché Racine, élève de Port-Royal, d'écrire dans Andromaque :

Ces yeux que n'ont *émus* ni soupirs ni terreurs.

Racine a vu là des *yeux émus*, il a eu raison.

La petite et, ce me semble, très-simple règle que nous venons de faire pour le participe passé, nous servira pour le participe présent.

Si ce dernier exprime l'idée d'une action exercée par le sujet, qu'il y ait, ou qu'il n'y ait pas de régime : *invariable.*

S'il exprime l'idée de la manière d'être d'un sujet, ou bien (notez cela) l'idée d'une action tellement permanente qu'elle puisse être considérée comme l'état habituel du sujet : *variable.*

J'ai vu la princesse *tremblant* de tomber au pouvoir de l'ennemi.

Voilà un participe-verbe; la princesse tremblait lorsque je l'ai vue.

La princesse était *tremblante* et éplorée.

C'est bien ici, j'espère, un adjectif, comme *éplorée* est un adjectif, et s'accordant avec le sujet *princesse*, tout comme *éplorée* s'accorde avec *princesse*.

***

Troisième Leçon.

APPLICATIONS.

Nous devons maintenant essayer notre règle sur de nombreux exemples qui éclairciront ce qui peut être trop tiraillé, trop alambiqué dans tout ce qui précède. Il se présentera de petites difficultés qu'il faut nous exercer à résoudre. Si l'orthographe française est épineuse et bizarre, les maîtres d'école n'en sont pas cause, et, pour ma part, vous me trouverez peu disposé à vanter ses perfections (c).

Les exemples seront placés sur deux colonnes : à droite, toujours les *participes-verbes*, c'est-à-dire invariables ; à gauche, les *participes-adjectifs*, c'est-à-dire variables.

§ 1. — PARTICIPE PASSÉ.

PARTICIPES-ADJECTIFS *variables.*	PARTICIPES-VERBES *invariables.*
Mes lettres sont *écrites.*	Vous avez déjà *écrit* vos lettres !
Ô nation *protégée* du ciel !	Le ciel a *protégé* cette nation.
Voilà vos papiers *retrouvés.*	On a *retrouvé* vos papiers.

Dans les exemples du côté gauche, le participe exprime évidemment la manière d'être du sujet ; il est adjectif et prend en conséquence le genre et le nombre de ce sujet.

Dans les exemples placés à droite , c'est l'action du sujet. Le participe, uni à un auxiliaire qui prend le nombre et la personne de ce sujet, demeure invariable. Il est absolument inutile de rechercher si l'auxiliaire est *avoir* ou, *être ;* que prouverait, par exemple, l'adjonction du verbe *avoir* dans les phrases suivantes ?

Les personnes que vous avez *ins-truites,* vous font honneur.	. . . .
La fortune que vous aviez *amassée,* était considérable.	. . . .
Que d'actions de grâce il vous a *rendues !*	. . . .

Ce sont des *personnes instruites,* une *fortune amassée,* des *actions de grâce rendues ;* comme ce pourrait être des *personnes savantes,* une *fortune considérable,* des *actions de grâce éloquentes.*

On appelle *idiotismes* des locutions capricieuses et quelquefois très-

PARTICIPES-ADJECTIFS.	PARTICIPES-VERBES.

élégantes, qui s'écartent des règles générales de la grammaire, et qui souvent échappent à toute analyse. On dit en français :

. . . .	*Attendu* la gravité des événemens.

La phrase peut se traduire par ces mots : *ayant considéré la gravité*, etc. *Attendu* ne saurait être ici un adjectif, car que voudrait dire : *gravité attendue?* Dans les cas suivans, il y a ellipse de *ayant*, ou *après avoir*.

. . . .	*Vu* les conséquences.
. . . .	*Supposé* telle circonstance.
. . . .	*Excepté* cette disposition.

Que de personnes j'ai *rencontrées* !	Que de personnes ont *péri* !

On peut dire : *personnes rencontrées*, mais *personnes péries* ne serait pas français, quoique le peuple à Paris ne manque jamais de dire, en parlant du suicide d'une femme : *elle s'est périe.*

. . . . . et pour m'avoir *trouvé* le visage un peu découvert, il a mis l'épée à la main. (MOLIÈRE.)	. . . .

Le Sicilien n'a pas trouvé *le visage* de Zaïde découvert, mais il a trouvé Zaïde ayant le visage découvert. Ç'est donc *moi*, *Zaïde*, *trouvée*, etc.

Il y a de certaines bornes que la nature a *données* aux états pour mortifier l'ambition des hommes. (MONTESQUIEU.)	. . . .

PARTICIPES-ADJECTIFS.	PARTICIPES-VERBES.

Mais que vos yeux sur moi se sont
bien *exercés !*
Qu'ils m'ont vendu bien cher les
pleurs qu'ils ont *versés !*
(RACINE.)

....

Bornes données, *yeux exercés*, *pleurs versés* : autant d'adjectifs.

.... | As-tu *vu* quelle joie a *paru* dans ses yeux ?

Si le passé indéfini avait une terminaison qui lui fût propre, comme l'imparfait, comme le passé défini, on ne serait pas obligé d'emprunter le secours de l'auxiliaire qui, joint au participe, supplée à cette terminaison *.

---

* M. Girault Duvivier (voir à la fin, note D) dans son excellente grammaire, dit, page 816, 7ᵉ édition : « *Si l'on écrivait quelle joie a* PARUE, *on ferait accorder le participe avec son sujet; ce qui ne doit* JAMAIS *avoir lieu lorsque le participe est précédé de l'auxiliaire* AVOIR. »—Mais pourquoi cela ne doit-il *jamais* avoir lieu ? Un élève intelligent se contente-t-il de semblables affirmations ? Dans la phrase citée précédemment : *Les personnes que vous avez* INSTRUITES, le participe s'accorde avec son sujet, bien que le verbe *avoir* soit là. *Paru* exprime évidemment l'idée d'une action attribuée à *joie*; l'auxiliaire a pris le nombre du sujet, voilà pourquoi il ne reste aucune modification à faire subir au participe. En mettant de côté la mesure du vers, si Racine eût voulu se servir du passé défini, il eût dit :.... *quelle joie parut ;* c'est donc bien d'un verbe qu'il s'agit ici.

PARTICIPES-ADJECTIFS.	PARTICIPES-VERBES.
. . . .	Les deux heures qu'ils ont *couru*. Oui, c'est moi qui voudrais effacer de ma vie,
. . . .	Les jours que j'ai *vécu* sans vous avoir servie. (CORNEILLE.)

Ce sont ici les heures, les jours *pendant lesquels* on a couru, vécu. Il y a ellipse.

Que de pleurs son départ m'a *coûtés!* (J. J. ROUSSEAU.)	. . . .

Ou a élevé de grandes difficultés sur ce mot *coûtés;* les meilleurs écrivains n'y en ont pas trouvé, nous n'en chercherons pas non plus.

Le pronom personnel réfléchi SE, s'emploie pour *soi*, ou pour *à soi*, à lui, à elle, *à eux;* c'est-à-dire qu'il exprime tantôt l'idée du sujet, tantôt celle du régime indirect. Il est important de bien étudier les diverses phases de ce pronom; multiplions les exemples.

Lucrèce s'est *tuée* (Lucrèce tuée).	Lucrèce s'est *donné* la mort (à soi).
Votre fille s'est *blessée* à la jambe.	Votre fille s'est *blessé* la jambe.
Les assiégeans se sont *rendus* maîtres de la ville (assiégeans rendus maîtres).	Ils se sont *rendu* mutuellement de grands services.
Ces fables ne se sont pas *imaginées* toutes seules.	Ils se sont *imaginé* des torts chimériques.
. . . .	Ils se sont *arrogé* des droits.

Quel est le sens de ce verbe *s'arroger?* — Prendre audacieusement

PARTICIPES-ADJECTIFS.	PARTICIPES-VERBES.

illégalement; le mot résume tout cela dans son énergique acception. *Se* est donc pris pour *à soi.*

Les droits qu'ils se sont *arrogés.*	....

Se est bien encore ici pour *à soi*, mais *arrogés* joue le rôle d'adjectif : *droits arrogés.*

La reine Anne s'est *proposée* pour gouverner les affaires de l'Etat. (Reine proposée par elle-même.)	La reine Anne s'est *proposé* de gouverner les affaires de l'Etat. (A proposé à soi.)
Elle s'est *dite* fort heureuse.	Elle s'est *dit :* que je serai heureuse ;
Les réfractaires se sont *soustraits* à toutes les recherches.	Ils se sont *soustrait* des papiers importans.
Elle s'est *donnée* pour un modèle accompli.	Elle ne s'est *donné* que la vertu pour modèle.
A ces mots j'ai frémi, mon âme s'est *troublée.*	....
Au joug, depuis long-tems, ils se sont *façonnés.*	....
Ils se sont *persuadés* l'un l'autre.	Ils se sont *persuadé* qu'on les trompait.
Elle s'est *moquée* de vous.	....
Elles se sont *enfuies.*	....
Elles se sont *repenties.*	....

Ces derniers participes n'expriment pas autre chose que l'état dans lequel se trouve le sujet, par son propre fait. Les suivans portent tous le caractère d'action opérée par le sujet sur lui-même.

PARTICIPES-ADJECTIFS.	PARTICIPES-VERBES.
. . . .	Ils se sont *plu* à vous tourmenter.
. . . .	Ils se sont *parlé*, *nui*, *succédé*, l'un à l'autre.
. . . .	Elle s'est *mépris* sur la véritable cause de mes larmes.

En est le seul pronom qui perde une partie des propriétés grammaticales du sujet qu'il remplace; ou plutôt *en* n'est qu'une formule abrégée pour *de lui*, *d'elle*, *d'elles*, *d'eux*. Ce mot n'enlève nullement au participe son caractère de verbe, dans les phrases suivantes :

. . . .	Il a fait plus d'exploits que vous n'en avez *lu* (Que vous n'avez lu d'exploits.)
. . . .	Nous avons expédié plus de marchandises que vous n'en avez *inscrit*. (Que vous n'avez inscrit de, etc.).

Dans l'exemple qui suit, ce sont toujours des *procédés reçus* :

Les bons procédés que j'en avais *reçus*.	. . . .

Il arrive fréquemment que le participe-verbe est suivi d'un verbe (exprimé, ou bien sous-entendu par ellipse) dont le régime les précède l'un et l'autre. Cela n'affecte en rien le participe.

. . . .	Les mathématiques que vous avez *voulu* que j'étudiasse.
. . . .	Les belles actions qu'elle a *tâché* de rendre secrètes. (FLÉCHIER.)

PARTICIPES-ADJECTIFS.	PARTICIPES-VERBES.
. . . .	Elles ont *fait* toutes les folies qu'elles ont *voulu*. (Faire.)
Je vous ai rendu tous les services que vous aviez *désirés*. (*Services désirés* avant que je les rendisse.)	Je vous ai rendu tous les services que vous aviez *désiré*. (*Que je vous rendisse*, sous-entendu.)
. . . .	Les fruits que j'ai *vu* cueillir.
. . . .	Elle s'est *laissé* tromper.
J'attends ma fille, je l'ai *envoyée* prendre mes lettres.	J'attends ma fille, je l'ai *envoyé* demander. (J'ai envoyé quelqu'un la demander.)
Cette nuit je l'ai *vue* arriver en ces lieux. (RACINE.) (Jézabel *vue* lorsqu'elle arrivait.)	. . . .
Je l'ai *vue* trahir son frère.	. . . .
Je l'ai *vue* peindre. (Elle peignait.)	Je l'ai *vu* trahir. (On la trahissait.)
Connaissez-vous Mme P.? — Oui, je l'ai *entendue* chanter. (Lorsqu'elle chantait.)	Je l'ai *vu* peindre. (On la peignait.) Connaissez-vous la belle cavatine d'Othello? — Oui, je l'ai *entendu* chanter par Mme P.
Les troupes sont *venues*, nous les avons *laissées* passer. (Elles passaient.)	Votre sœur était évanouie, je l'ai *laissé* passer dans une autre chambre. (On la passait.)

L'élision, ou retranchement de la voyelle dans les pronoms personnels *le* et *la*, peut induire en erreur; et le pronom *le* en particulier, est quelquefois une tournure elliptique qu'il est bon d'étudier.

. . . .	La guerre vient d'éclater comme je l'avais *prédit*. (Le avais.)

PARTICIPES-ADJECTIFS.	PARTICIPES-VERBES.

Comme ne veut pas dire ici *telle que*, mais *ainsi que*. Le sens de la phrase est bien : *la guerre vient d'éclater, ce que j'avais prédit.* Point de difficulté pour les exemples suivans :

La guerre vient d'éclater, générale, terrible, sanglante, comme je l'avais *prédite*. (Telle que je la avais.) La vivacité de ma sœur l'a *emportée* trop loin.	.... La bonté de ma sœur l'a *emporté* sur son ressentiment. (A pris le dessus.)

Le pronom IL, est quelquefois le plus *indéfini* des pronoms ; l'ignorance des causes physiques a dû le faire adopter en ce sens dans l'origine : *Il pleut, il tonne.* Peut-être remplaçait-il dans l'esprit le nom d'un Dieu, cause première. Cet idiotisme échappe encore à toute analyse. Dans la tournure impersonnelle, le participe demeure invariable ; c'est l'usage, cela est consacré ; je ne suis pas assez savant pour vous offrir une démonstration que je ne comprendrais pas moi-même.

....	Quelle fâcheuse aventure vous est-il donc *arrivé*? Il est *arrivé* de bonnes nouvelles. Il s'est *rassemblé* une infinité de personnes.

Le peu de a deux sens différens : *la petite quantité de*, ou *le manque de*. Dans l'un et l'autre cas, le participe doit être soigneusement rapproché de l'idée principale, si on veut bien le juger.

PARTICIPES-ADJECTIFS.	PARTICIPES-VERBES.
Je ne vous parlerai pas du peu de capacité que j'ai *acquise* dans les affaires.	. . . .

Le peu s'entend ici , *de la modeste portion de capacité*, et d'ailleurs , ce mot *capacité* est évidemment sujet du participe-adjectif *acquise*. Dans la phrase suivante, *le peu* est l'idée principale, c'est *l'absence totale de; égards* ne peut être considéré comme sujet du participe-adjectif *montré* :

Le peu d'égards que vous avez *montré* pour Mme D. l'a blessée profondément.	. . . .

Les phrases qui suivent présentent , dit-on , des difficultés. Les grammairiens se sont jetés à leur occasion dans des querelles interminables; elles ont donné lieu à une énorme dépense d'esprit, ou plutôt de *purisme*, que je ne sais quel écrivain appelle la superstition de la grammaire (ʀ). Il me semble que notre règle résout facilement ces prétendues difficultés; il serait fastidieux de répéter des explications que maintenant vous pouvez vous donner à vous-mêmes.

Les offres de services que je les ai *vus* faire. (Lorsqu'ils les fesaient.)	Les offres de services que je leur ai *vu* faire. (On les leur fesait.)
Mon sujet s'étendant sous ma plume, je l'ai *laissée* aller sans contrainte. (J. J. Rousseau.)	. . . .
Ils avaient soif, je les ai *laissés* boire.	Il l'a *laissé* outrager sans la défendre.

PARTICIPES-ADJECTIFS.	PARTICIPES-VERBES.
Je les ai *laissés* se livrer à tous les excès.	. . . .
. . . .	Ces drames que l'intrigue a *fait* tomber.
Ninon disait : « Je me suis *faite* homme. »	Elle s'est *fait* chérir par son incomparable douceur.
Le père de Pénélope l'aura *contrainte* d'accepter un autre époux. (FÉNÉLON.)	Les réflexions que j'ai *cru* utile de vous soumettre.

§ 2. — PARTICIPE PRÉSENT.

Les âmes basses et *rampantes* ne comprennent rien à la dignité de l'homme.	Les insensés allaient *rampant* aux pieds du prince, *flattant* et *caressant* ses caprices.
On voyait au loin dans la mer des mâts et des cordages *flottans*.	. . . .
Une femme *éclatante* de luxe et de beauté.	Une femme *éclatant* en reproches.
. . . .	L'assemblée était ce jour-là *séant* à Versailles.

Elle y siégeait accidentellement; lorsque l'action est habituelle, le participe qui l'exprime devient un véritable adjectif. Ainsi l'on peut dire :

L'assemblée est actuellement *séante* à Paris.	. . . .

PARTICIPES-ADJECTIFS.	PARTICIPES-VERBES.

Dans les deux vers suivans, Racine et Casimir Delavigne ont voulu peindre, non une action passagère, mais une sorte d'état habituel :

Pleurante après son char, vous voulez qu'on me voie.	. . . .
De ces trônes d'un jour l'un sur l'autre *croulans*.	. . . .

L'Académie française *permet* de dire : Une maison *appartenante* à quelqu'un.

NOTES.

NOTE A. — (Page 8.)

Une *abstraction* est l'opération de l'esprit par laquelle étant présentées plusieurs idées dont les objets sont inséparables entr'eux, on écarte les unes pour s'occuper exclusivement des autres. En mathématiques, pour étudier *l'étendue*, il faut faire abstraction de toutes les autres propriétés de la matière. En philosophie, pour étudier *la pensée*, il faut faire abstraction des autres manières d'être de l'homme. Le besoin de l'abstraction est une preuve de faiblesse; l'usage de l'abstraction est une preuve de force et de puissance. On donne aussi le nom d'abstraction à l'idée isolée par suite de l'opération précédente.

NOTE B. — (Page 10.)

A vrai dire, il n'y a dans les langues qu'un seul verbe : *être;* les autres ne sont que des figures, des formules abrégées. Parce que les Latins avaient un véritable verbe passif, AMOR, *je suis aimé*, quelques grammairiens ont voulu nous doter aussi d'un verbe passif; et encore sommes-nous très-heureux d'avoir échappé aux verbes *déponens*, nous qui avons eu des *gérondifs* et des *déclinaisons*.

NOTE C. — (Page 19.)

L'orthographe française est assurément fort bizarre et imparfaite, mais il ne faut pas tomber dans le travers de quelques grammairiens, d'ailleurs savans et bien intentionnés, qui, pour simplifier et perfectionner notre orthographe, jouent à détruire toute orthographe, et à compromettre le fond même de la langue. Ces écrivains ont eu le tort d'être trop sensibles aux injures, qu'à défaut de bons argumens cependant assez faciles à trouver, leur ont adressées leurs adversaires, et de répondre aussi avec des injures qui ne prouvent rien. Les journaux ont retenti de cette singulière querelle qui aurait été ensanglantée, au train dont allaient les choses, si des événemens plus graves n'avaient mis fin à un débat dont le public ne se souciait guère. Les réformes scientifiques, comme bon nombre d'autres, ne peuvent s'établir et se consolider que quand leur nécessité et leur justesse sont bien senties, bien comprises. On n'améliore pas un ordre de choses en entier, on ne change pas des habitudes prises, tout-à-coup et en vingt-quatre heures, du commencement à la fin. En grammaire, du moins, cela est si vrai, qu'on voit encore de très-bons grammairiens et des personnes profondément instruites, écrire : *faible* par *oi*, et les imparfaits par *oient*.

NOTE D. — (Page 22.)

LA GRAMMAIRE DES GRAMMAIRES de M. *Girault Duvivier* est un ouvrage curieux. C'est une collection raisonnée de toutes les opinions qui peuvent éclaircir les difficultés grammaticales de la langue. Je ne connais pas de meilleure grammaire. Je lui ai emprunté plusieurs phrases à participe, que M. Duvivier a choisies avec beaucoup de goût dans nos meilleurs écrivains.

NOTE E. — (Page 28.)

Ces subtiles, et quelquefois ridicules discussions, n'ont pas été absolument inutiles au perfectionnement de la langue. C'est ainsi que l'une des plus belles sciences modernes, la chimie, s'est dégagée peu à peu, et est sortie pure et brillante, des effroyables et absurdes travaux de *l'alchimie*. On cherchait de l'or, on a trouvé mieux que cela.

renfermant que des spécialités qui toutes se trouvent réunies dans le *Journal des Femmes*.

Sous l'enveloppe élégante de ce Recueil, les Femmes ont prouvé que, sans abandonner les grâces de leur sexe, elles savaient allier la force du raisonnement à la richesse de l'imagination. Cette vérité est bien prouvée par la variété des matières différentes qu'elles ont fournies depuis deux années pour élever ce monument littéraire. On pourrait même ajouter que l'idée-mère du *Journal des Femmes* a donné une impulsion nouvelle à la littérature en mettant en vogue les ouvrage des Femmes.

Toutes les célébrités de la littérature féminine lui ont apporté leur tribut, et de nouvelles célébrités se sont élevées leurs émules sans devenir leurs rivales.

Ce Journal reste placé sous la protection des Femmes, c'est dire que tous les efforts de ses rédactrices tendront à lui conserver l'honneur qu'il a mérité d'être le recueil de la bonne compagnie et du monde élégant.

ON S'ABONNE A PARIS.

Chez DUCESSOIS, Imprimeur, quai des Augustins, 55.

Et chez LOUIS JANET, Libraire, rue Saint-Jacques, 59.

www.ingramcontent.com/pod-product-compliance
Lightning Source LLC
Chambersburg PA
CBHW060808280326
41934CB00010B/2605